ORDONNANCE DU ROI,

Concernant les Grenadiers-royaux.

Du 8 Avril 1779.

DE PAR LE ROI.

SA MAJESTÉ jugeant à propos d'augmenter le nombre de ses régimens de Grenadiers-royaux, Elle a ordonné & ordonne ce qui suit :

ARTICLE PREMIER.

LES soixante-dix-huit compagnies de Grenadiers-royaux des bataillons de garnison, les quatorze des sept régimens attachés au Corps-royal de l'Artillerie, les dix des cinq régimens de l'État-major de l'armée, les deux du régiment de garnison du Roi, faisant au total cent quatre compagnies, non compris les deux du régiment provincial de Paris, formeront treize régimens de Grenadiers-royaux de huit compagnies chacun.

2.

CHACUN desdits régimens sera de deux bataillons de quatre compagnies.

3.

LESDITS régimens de Grenadiers-royaux, seront composés des compagnies de Grenadiers-royaux, ci-après :

LE premier régiment portera le nom de *Grenadiers-royaux de la Picardie*, & sera composé des deux compagnies du régiment ci-devant de Péronne, dont la première est attachée au bataillon de garnison du régiment de Picardie; & la seconde, au bataillon de garnison du régiment de Cambresis.

Des deux compagnies du régiment ci-devant d'Abbeville, dont la première est attachée au bataillon de garnison du régiment de Hainault; & la seconde, au bataillon de garnison du régiment de Vermandois.

Des deux compagnies du régiment ci-devant d'Arras, dont la première est attachée au bataillon de garnison du régiment de Flandre; & la seconde, au bataillon de garnison du régiment d'Artois.

Et des deux compagnies du régiment ci-devant de Lille, attachées au troisième régiment provincial de l'État-major.

Le deuxième régiment portera le nom de *Grenadiers-royaux de la Champagne*, & sera composé des deux compagnies du régiment ci-devant de Châlons, attachées au régiment provincial de la Fère, Artillerie.

Des deux compagnies du régiment ci-devant de Troyes, attachées au premier régiment provincial de l'État-major.

Des deux compagnies des deux derniers bataillons du régiment ci-devant de Soissons, dont la seconde est attachée au bataillon de garnison du régiment de Brie; & la troisième, au bataillon de garnison du régiment d'Orléans.

Et des deux compagnies du régiment ci-devant de Pont-Audemer, dont la première est attachée au bataillon de garnison du régiment de Neustrie; & la seconde, au bataillon de garnison du régiment de la Marine.

Le troisième régiment portera le nom de *Grenadiers-royaux de la Normandie*, & sera composé des trois compagnies du régiment ci-devant d'Alençon, dont la première est attachée au bataillon de garnison du régiment du Perche; la seconde, au bataillon de garnison du régiment de Beauce; & la troisième, au bataillon de garnison du régiment de Vexin.

Des deux compagnies du régiment ci-devant de Rouen, dont la première est attachée au bataillon de garnison du régiment de Normandie; & la seconde, au bataillon de garnison du régiment de Boulonois,

Et des trois compagnies du régiment ci-devant de Caen, dont la première est attachée au bataillon de garnison du régiment Dauphin ; la seconde, au bataillon de garnison du régiment de la Couronne ; & la troisième, au bataillon de garnison du régiment de Penthièvre.

LE quatrième régiment portera le nom de *Grenadiers-royaux de la Guyenne*, & sera composé des trois compagnies du régiment ci-devant de Bordeaux, dont la première est attachée au bataillon de garnison du régiment de Guyenne ; la seconde, au bataillon de garnison du régiment d'Aquitaine ; & la troisième, au bataillon de garnison du régiment de Médoc.

Des deux compagnies du régiment ci - devant de Périgueux, dont la première est attachée au bataillon de garnison du régiment de Forès ; & la seconde, au bataillon de garnison du régiment de Bresse.

Des deux compagnies du régiment ci-devant de Marmande, dont la première, est attachée au bataillon de garnison du régiment d'Armagnac ; & la seconde, au bataillon de garnison du régiment d'Agénois.

Et de la compagnie du régiment ci - devant de la Rochelle, attachée au bataillon de garnison du régiment d'Aunis.

LE cinquième régiment portera le nom de *Grenadiers-royaux du Lyonnois*, & sera composé de la compagnie du second bataillon du régiment ci-devant d'Autun, attachée au régiment provincial d'Auxonne, Artillerie.

Des deux compagnies du régiment ci-devant de Clermont, dont la première, est attachée au bataillon de garnison du régiment d'Auvergne; & la seconde, au bataillon de garnison du régiment de la Sarre.

Des deux compagnies du régiment ci-devant de Moulins, attachées au second régiment provincial de l'État-major.

Des deux compagnies du régiment de Lyon, attachées au quatrième régiment provincial de l'État-major.

Et de la compagnie du premier bataillon du régiment ci-devant de Valence, attachées au régiment provincial de Grenoble, Artillerie.

LE sixième régiment portera le nom de *Grenadiers-royaux de la Touraine*, & sera composé des deux compagnies du régiment ci-devant de Limoges, dont la première est attachée au bataillon de garnison du régiment de Bourbonnois; & la seconde, au bataillon de garnison du régiment de Limosin.

Des trois compagnies du régiment ci-devant de Tours, dont la première est attachée au bataillon de garnison du régiment de Touraine; la seconde, au bataillon de garnison du régiment de la Reine; & la troisième au bataillon de garnison du régiment de Conti.

Des trois compagnies du régiment ci-devant du Mans, dont la première est attachée au bataillon de garnison du régiment du Maine; la seconde, au bataillon de garnison du régiment d'Anjou; & la troisième, au bataillon de garnison du régiment de Rohan-Soubise.

LE septième régiment portera le nom de *Grenadiers-*

royaux de l'Isle-de-France, & sera composé des trois compagnies du régiment ci-devant de Senlis, dont la première est attachée au premier bataillon du régiment de garnison du Roi; la seconde, au bataillon de garnison du régiment de l'Isle-de-France; & la troisième, au bataillon de garnison du régiment de Beauvoisis.

Des deux compagnies du régiment ci-devant de Sens, dont la première est attachée au bataillon de garnison du régiment Royal; & la seconde, au bataillon de garnison du régiment de Bourgogne.

Des deux compagnies du régiment ci-devant de Mantes, dont la première est attachée au second bataillon du régiment de garnison du Roi; & la seconde, au bataillon de garnison du régiment de Chartres.

Et de la compagnie du premier bataillon du régiment ci-devant de Soissons, attachée au bataillon de garnison du régiment de Soissonnois.

LE huitième régiment portera le nom de *Grenadiers-royaux de l'Orléanois*, & sera composé des deux compagnies du régiment ci-devant de Blois, dont la première est attachée au bataillon de garnison du régiment de Blaisois; & la seconde, au bataillon de garnison du régiment Maréchal-de-Turenne.

Des deux compagnies du régiment ci-devant de Montargis, dont la première est attachée au bataillon de garnison du régiment d'Auxerrois; & la seconde, au bataillon de garnison du régiment de Gâtinois.

Des deux compagnies du régiment ci-devant de Châteauroux, dont la première est attachée au bataillon de garnison du régiment de Bassigny; & la seconde, au bataillon de garnison du régiment de Berry.

Et des deux compagnies des deux premiers bataillons du régiment ci-devant de Poitiers, dont la première est attachée au bataillon de garnison du régiment de Poitou; & la seconde, au bataillon de garnison du régiment d'Angoumois.

Le neuvième régiment portera le nom de *Grenadiers-royaux de la Bretagne*, & sera composé des deux compagnies du régiment ci-devant de Rennes, dont la première est attachée au bataillon de garnison du régiment de Bretagne; & la seconde, au bataillon de garnison du régiment de Monsieur.

Des deux compagnies du régiment ci-devant de Nantes, dont la première est attachée au bataillon de garnison du régiment de Royal-Vaisseaux; & la seconde, au bataillon de garnison du régiment de Royal-la-Marine.

Des deux compagnies du régiment ci-devant de Vannes, dont la première est attachée au bataillon de garnison du régiment de Savoie-Carignan; & la seconde, au bataillon de garnison du régiment de la Fère.

Et des deux compagnies des deux derniers bataillons du régiment ci-devant de Poitiers, dont la troisième est attachée au bataillon de garnison du régiment de Saintonge; & la quatrième, au bataillon de garnison du régiment de Foix.

LE dixième régiment portera le nom de *Grenadiers-royaux de la Lorraine*, & fera compofé des deux compagnies du régiment ci - devant de Nanci, dont la première eft attachée au bataillon de garnifon du régiment d'Auftrafie; & la feconde, au bataillon de garnifon du régiment de Lorraine.

Des deux compagnies du régiment ci - devant de Bar-le-duc, dont la première eft attachée au bataillon de garnifon du régiment de Champagne; & la feconde, au bataillon de garnifon du régiment de Barrois.

Des deux compagnies du régiment ci-devant de Colmar, attachées au régiment provincial d'Artillerie de Strafbourg.

Et des deux compagnies du régiment ci - devant de Verdun, attachées au régiment provincial d'Artillerie de Metz.

LE onzième régiment portera le nom de *Grenadiers-royaux du Languedoc*, & fera compofé des deux compagnies du régiment ci-devant d'Andufe, attachées au cinquième régiment provincial de l'État-major.

Des trois compagnies du régiment ci-devant de Mont-pellier, dont la première eft attachée au bataillon de gar-nifon du régiment de Piémont; la feconde, au bataillon de garnifon du régiment de Royal-Rouffillon; & la troi-fième, au bataillon de garnifon du régiment de Languedoc.

Des deux compagnies du régiment ci-devant d'Aix, dont la première eft attachée au bataillon de garnifon du régiment de Provence; la feconde, au bataillon de gar-nifon du régiment de Dauphiné.

Et de la compagnie du second bataillon du régiment ci-devant de Valence, attachée au régiment provincial de Grenoble, Artillerie.

LE douzième régiment portera le nom de *Grenadiers-royaux du Comté de Bourgogne*, & sera composé des deux compagnies du régiment ci-devant de Vésoul, attachée au régiment provincial d'Artillerie de Toul.

Des trois compagnies du régiment ci-devant de Salins, dont la première est attachée au bataillon de garnison du régiment de Condé; la seconde, au bataillon de garnison du régiment Royal-Comtois; & la troisième, au bataillon de garnison du régiment d'Enghien.

Des deux compagnies du régiment ci-devant de Dijon, attachées au régiment provincial de Besançon, Artillerie, & de la compagnie du premier bataillon du régiment ci-devant d'Autun, attachée au régiment provincial d'Auxonne, Artillerie.

LE treizième régiment portera le nom de *Grenadiers-royaux du Querci*, & sera composé des deux compagnies du régiment ci-devant d'Alby, dont la première est attachée au bataillon de garnison du régiment de Viennois; & la seconde, au bataillon de garnison du régiment de Vivarais.

Des deux compagnies du régiment ci-devant de Montauban, dont la première est attachée au bataillon de garnison du régiment de Rouergue; & la seconde, au bataillon de garnison du régiment de Beaujolois.

Des deux compagnies du régiment ci-devant de Rhodès, dont la première est attachée au bataillon de garnison du régiment de Lyonnois; & la seconde, au bataillon de garnison du régiment de Bourbon.

Et des deux compagnies du régiment ci-devant d'Auch, dont la première est attachée au bataillon de garnison du régiment de Navarre; & la seconde, au bataillon de garnison du régiment de Béarn.

Les compagnies de Grenadiers seront désignées dans les procès-verbaux de formation des régimens de Grenadiers-royaux, & dans les revues des Commissaires des guerres, sous le titre des *régimens Provinciaux & Bataillons de garnison*, dont elles faisoient partie.

4.

CHAQUE compagnie de Grenadiers-royaux sera commandée en tout temps par un Capitaine, un Lieutenant, un Sous-lieutenant; & composée de deux Sergens, quatre Caporaux, cent deux Grenadiers & deux Tambours.

5.

LES compagnies de Grenadiers-royaux, seront placées dans les régimens dont elles doivent faire partie, suivant la date des commissions des Capitaines.

6.

L'ÉTAT-MAJOR de chacun desdits régimens

sera compofé d'un Colonel, un Lieutenant - colonel, un Major, un Quartier-maître-tréforier; & en temps de guerre, il y fera établi un Aumônier & un Chirurgien - major.

Ces régimens n'auront point de drapeaux.

7.

LESDITS régimens de Grenadiers-royaux précéderont tous les régimens Provinciaux, ainfi que tous les régimens créés depuis le 25 février 1726, & prendront rang entre eux dans l'ordre prefcrit par l'article 3 de la préfente Ordonnance.

8.

TOUTES les compagnies de Grenadiers-royaux, feront recrutées dans tous les temps, par les bataillons ou régimens refpectifs.

9.

VEUT Sa Majefté que les appointemens & la folde des Officiers, bas Officiers, Grenadiers & Tambours, leur foient payés pendant le temps qu'ils feront affemblés ou en garnifon, fur le pied :

SAVOIR;

COMPAGNIES DE GRENADIERS.

	APPOINTEMENS ET SOLDE.					
	PAR JOUR.			PAR MOIS.		PAR AN.
A chaque Capitaine, trois livres dix sous .	3^{lt}	10^f	$_{ll}$^{d}	105^{lt} $_{ll}$^{f} $_{ll}$^{d}		1260^{lt}
A chaque Lieutenant, deux livres.	2.	//	//	60. // //		720.
A chaque Sous-lieutenant, une livre treize sous quatre deniers.	1.	13.	4.	50. // //		600.
A chaque Sergent, quinze sous quatre deniers.	//	15.	4.	23. // //		276.
A chaque Caporal, dix sous quatre deniers .	//	10.	4.	15. 10. //		186.
A chaque Grenadier, sept sous quatre deniers.	//	7.	4.	11. // //		132.
A chaque Tambour, neuf sous quatre deniers.	//	9.	4.	14. // //		168.

ÉTAT-MAJOR.

	PAR JOUR.			PAR MOIS.		PAR AN.
A chaque Colonel, huit livres six sous huit deniers.	8.	6.	8.	250. // //		3000.
A chaque Lieutenant-colonel, six livres dix-huit sous dix deniers deux tiers. . .	6.	18.	10$\frac{2}{3}$.	208. 6. 8.		2500.
A chaque Major, cinq livres onze sous un denier un tiers.	5.	11.	1$\frac{1}{3}$.	166. 13. 4.		2000.
A chaque Quartier-maître, trois livres.	3.	//	//	90. // //		1080.
A chaque Chirurgien-major, en temps de guerre seulement.	3.	6.	8.	100. // //		1200.
A chaque Aumônier, en temps de guerre seulement.	1.	13.	4.	50. // //		600.

10.

LESDITS régimens seront payés des appointemens & solde ci-dessus réglés, pendant le temps qu'ils seront assemblés ou en garnison ; mais à commencer du jour qu'ils arriveront à l'armée, ils toucheront la même paye que celle fixée pour l'Infanterie.

11.

Les Officiers qui composeront chacun des États-majors des régimens de Grenadiers-royaux, à la réserve du Quartier-maître-trésorier, seront payés toute l'année des appointemens qui leur sont réglés.

12.

CHAQUE Major, indépendamment de ses appointemens, touchera par an deux cents quarante livres, pour lui tenir lieu de frais de bureau, & le dédommager des ports de lettres ; laquelle somme de deux cents quarante livres sera portée à trois cents livres lorsque le régiment sera en garnison, & à quatre cents livres à compter du jour qu'il arrivera à l'armée.

13.

Au moyen de la solde fixée pour les Tambours, ils seront tenus d'entretenir leur caisse de peaux & de cordages, & de se fournir de baguettes.

14.

POUR parvenir à composer les régimens de Grenadiers-royaux, comme il est dit par l'article 3 de la présente Ordonnance, Sa Majesté donnera ses ordres, lorsqu'Elle le jugera à propos, pour que les bas Officiers, Grenadiers & Tambours desdites compagnies soient rassemblés dans les quartiers particuliers qui leur seront assignés ; Elle y fera trouver en même temps les Officiers qui devront les commander, & des Commissaires des guerres pour faire préparer les logemens & la subsistance, & leur faire délivrer les effets d'habillement, d'équipement & d'armement qui leur seront nécessaires.

15.

LESDITES compagnies, après le nombre de jours qui sera jugé nécessaire pour les réunir dans ces quartiers particuliers, en partiront sur les ordres qui leur seront expédiés, pour se rendre dans les quartiers qui leur seront assignés ; & Sa Majesté y fera trouver les Officiers des États-majors destinés à les commander.

16.

A l'arrivée desdites compagnies dans ces quartiers, il sera procédé à la formation desdits régimens de Grenadiers-royaux, par les Officiers généraux que Sa Majesté désignera à cet effet, en présence des Commissaires des guerres, qui en dresseront procès-verbal, dont une copie sera envoyée au Secrétaire d'État de la guerre, & une autre remise au Trésorier.

17.

LES Officiers généraux, après la formation desdits régimens, en feront une revue exacte, qu'ils enverront au Secrétaire d'État de la guerre, avec le résumé clair & précis de leur opération.

18.

APRÈS le temps fixé pour la durée de l'assemblée, les compagnies qui composeront les régimens de Grenadiers-royaux, se rendront dans les quartiers particuliers, d'où elles seront parties; & les Officiers de l'État-major, se sépareront pour aller dans la garnison qu'ils préféreront pour y achever les deux mois de service qu'ils sont tenus de faire, ou resteront dans les quartiers, s'il y a des Troupes, pour y assister aux exercices & manœuvres.

19.

LES compagnies de Grenadiers-royaux, de retour dans leurs quartiers particuliers, y séjourneront un jour; & le lendemain du séjour, les bas Officiers & Grenadiers seront renvoyés chez eux avec des congés, jusqu'à la prochaine assemblée, qui leur auront été expédiés dans la forme ordinaire, aux quartiers des régimens de Grenadiers-royaux; ces congés seront remis aux Capitaines avant leur départ, & ils ne les délivreront qu'après la remise dans les magasins, des effets dont chaque Grenadier aura été pourvu ; à l'exception d'une paire de souliers, d'une chemise, un col noir & un ruban de queue, qui feront laissés à chaque homme.

20.

SA MAJESTÉ voulant qu'il foit furfis à l'exécution des difpofitions portées par les articles 8, 10, 11, 14, 15 & 17 du Titre III de fon Règlement du 1.er mars 1778, concernant les Troupes Provinciales ; fon intention eft que les Officiers des compagnies de Grenadiers-royaux ne reçoivent, à l'occafion de l'affemblée, que les appointemens qui leur font réglés pendant le temps que lefdites compagnies feront réunies ; & deux mois d'appointemens pour frais de voyage, tant pour fe rendre aux quartiers particuliers d'affemblée, que pour retourner chez eux, après la féparation dudit Corps.

Les bas Officiers & Grenadiers, ne recevront que Deux fous par lieue, pour fe rendre au quartier particulier d'affemblée, & pareils Deux fous pour retourner dans leurs paroiffes ; à l'exception de ceux dont les Communautés feront placées dans l'arrondiffement de quatre lieues des quartiers particuliers, lefquels n'auront point de part à la diftribution defdits Deux fous.

21.

L'HABILLEMENT, l'équipement & l'armement,

feront conformes à ce qui a été précédemment réglé. Quant aux boutons des Officiers, tant de l'État-major que des compagnies, & les Grenadiers des régimens de Grenadiers-royaux, ils feront blancs, timbrés d'une grenade au milieu, godronnés de cinq fleurs-de-lis, à diftances égales ; ils feront auffi timbrés de deux numéros, l'un du rang que lefdits régimens ont entr'eux, conformément à l'*article 3* de la préfente Ordonnance, qui fera placé en tête & au-deffus de la grenade ; & l'autre du rang qui leur eft réglé dans l'Infanterie, & qui fera placé au-deffous de la grenade.

Les Officiers des régimens de Grenadiers-royaux & les Grenadiers, auront une épaulette diftinctive.

S A V O I R :

Ceux du régiment de Grenadiers-royaux de la Picardie, une épaulette de couleur *rouge-garence.*

Ceux de la Champagne, de couleur *bleu-de-roi* & *blanche.*

Ceux de la Normandie, de couleur *noire.*

Ceux de la Guyenne, de couleur *rouge* & *bleu-de-roi.*

Ceux du Lyonnois, de couleur *violette* & *blanche.*

Ceux de la Touraine, de couleur *rouge* & *verte.*

Ceux de l'Ifle-de-France, de couleur *bleu-de-roi.*

Ceux de l'Orléanois, de couleur *verte.*

Ceux de la Bretagne, de couleur *violette.*

Ceux de la Lorraine, de couleur *aurore.*

Ceux du Languedoc, de couleur *rouge* & *noire.*

Ceux du comté de Bourgogne, de couleur *verte & blanche.*

Et ceux du Quercy, de couleur *bleu-céleste.*

22.

VEUT au surplus, Sa Majesté, que les dispositions de son Ordonnance du 1.er décembre 1774, & le Règlement du 1.er mars 1778, concernant les Troupes Provinciales, soient exécutés en ce qui ne se trouvera pas contraire à la présente.

MANDE & ordonne Sa Majesté, aux Officiers généraux ayant commandement sur ses Troupes, aux Gouverneurs & Lieutenans généraux dans ses provinces, aux Commandans de ses villes & places, aux Intendans en ses provinces, aux Commissaires des guerres, & à tous autres ses Officiers qu'il appartiendra, de tenir la main à l'exécution de la présente Ordonnance.

FAIT à Versailles le huit avril mil sept cent soixante-dix-neuf. *Signé* LOUIS. *Et plus bas,* LE PRINCE DE MONTBAREY.

A PARIS, DE L'IMPRIMERIE ROYALE. 1779.

9 782329 254500